JN410791

숨은 소리도
세월 따라 흐르네

홍기원洪起元

경북 상주 태생
아호는 벽천碧泉 수하당須何堂
동양의약대학
동화통신사 편집기자
궁정고전연구소 소장
성균관 서울시운영위원회 운영위원
풍산홍씨 추만공종중회 회장
민속원 회장
풍산홍씨 대종회 회장
문예원 회장
풍산홍씨 대종회 원로회의 의장
1992년 한국출판문화상 : 한국일보
1997년 한국비교민속학회 감사패
2000년 KBS국악대상출판부문 : 한국방송공사
2000년 한국문학비건립동호회 감사패
2004년 국립국악원 감사패
2005년 시인詩人 문단에 등단登壇
2006년 중화민국 중앙민족대학 조선어 어문학부 감사패
2010년 대한민국 간행물윤리위원회 출판문화대상
2011년 대한출판문화협회 이사
2012년 대한민국 출판문화발전 유공자 정부포상 국무총리 표창

저서 : 『숙종대왕肅宗大王 민중전閔中殿 덕행록德行錄』
『인목대비仁穆大妃의 서궁일기西宮日記』
『혜경궁惠慶宮의 읍혈록泣血錄』
『단종대왕端宗大王의 육신록六臣錄』
『유성기음반가사집留聲器音盤歌詞集』 I II공편 외 다수

시집 : 『숨은 소리도 세월 따라 흐르네』

숨은 소리도
세월 따라 흐르네

홍기원 시집

문예원

| 시편을 모으면서 |

이 시집은 십대 초반부터 칠십대 후반까지 한편 한편 글을 써 모아 두었던 시 문들을 찾아서 이 한권에 담아 보려는데 쑥스럽기도 하고 문장의 흐름에 부끄러운 부분도 있으나 숨김없는 그 당시 그대로를 손질하여 삶이 함축된 기록으로 어제까지의 생각을 모아서 표현한 얼굴로 삼고자 이 한권의 시집 속에

여린 글귀가 부끄러움을
무릅쓰고 살며시 문을 열고
주변을 살피며 고개를 숙여도
얼굴이 붉어 옴을 느끼고
여물지 못한 글심이
어법을 벗어나고

아직은 설익은
글골을 그대로
포장하여 옮기자니
가슴이 쿵쾅거리며
눈을 지그시 감은 모습으로
용기를 살리고 내일을 약속하듯
슬며시 꼬리를 거둬 봅니다.

십대에서 칠십대 후반에 이르는 인생 역정을 아로 새겨놓은 어설픈 한 폭의 습작으로 엮어진 이야기로 보아주셨으면 하는 바램입니다.

수하당須何堂 홍기원洪起元

| 차례 |

1부 남산골

2부

청계천이 흐른다

3부

이야기 동무

4부

진혼위곡鎭魂慰曲

5부

가-뎀 피. 오. 더블유.

1부

남산골

까치호랑이: 삼성미술관 소장

남산골

야인 샌님골에 여담이
오순도순 삼경을 앗아 지새우고
목멱산 구릉에 천병 만마를
호령하던 봉화대
모진 비바람에도
옛터 그대로
푸른 솔가지를 휘여 잡고
일심사군의 충절을 애소했다던
안타갑이 솔의 전설이
더욱 안타까운 남산골

평화스럽고 여유로운
웃음소리가 사라진지
몇 세기가 흘렀어도
한눈에 아롱지는 삼백만의 보금자리
이름도 기구했던
도적맞은 밥상처럼
고슴도치 같은 왜놈도
경성부라 불러 본

파란곡절이 새겨진 서울

허 허 웃어도 이웃을 감싸고
장죽에 큰 기침도 나라를 섬기던
구수한 사랑방 이야기가 그립고
인왕산에 치마바위
나라를 감싸고 섬기던 남산골

바지저고리에 집신 감발한
고인 못 보아도
충신열사 예던 길
예 있어 빛나고
놀음판에 나라 팔던 역적 놈
가고 없어도
북악이 둘러싸고
한강이 여울져 흐르는
안산으로 자리한 남산아

입 없어도 말이 있었고
눈 없이도 지켜보고
귀 없어도 알아듣던
너의 천품은

만년을 두고도 못 잊을
억겁에 산 역사가
숨 쉬는 남산골

찬란한 문명에 썰물이
너를 휘감아 주어도
선악을 어루 달래던
바르고 착한 기운이
노할줄도 기뻐할 줄도
모르는 티 없는 남산골

1958년

말 하노라네

어기어 사노라면
너와 나의 그림자는
말 하노라네
이슬 머금은
동공瞳孔 같은
지난 날들을
잔잔히 밀려오는
파도波濤의 높낮음도
내일에
꿈으로 엮어지고
낙조落照에 출렁이는
수평선水平線에는
뱃 고동鼓動이 울고
말 없는 율려律呂의
그리움만 남기고
일엽편주一葉片舟의
여정餘情에는
옛날이 아물거리네.

육순날

갑자 일이구나

십이월 육일이 갑자 일이구나
음력으로 십일월 오일
네가 태어난 것을
하루하루 손꼽아
셈하던 할애비가
올 겨울 내린 첫 눈이
온 세상을 하얗게
휩쓸고 지나간
자취가 남아 있는
드높은
맑은 하늘을 우러러
너에게 보내는 축복과
희망찬
아침에 염원을 담아
살며시 찾아온
백일 날
문을 활짝 연다.

이천오년 십이월 육일 할애비

한 삶

아가로
셋 서른
나래 펴고
예 스러운
한 삶
공간에
새기며
두 그림
하나로
피어나리.

일구구오년 십이월 십이일

동산 연가

동산 기슭에
푸른 샘과
마주하고 그려진
수려한 산정山精을
머금어 보드무면
가을이 여물고
어우러지듯 펼쳐진
동산 연가는
푸른 샘에서
몸부림치며
그리움이 샘솟듯
피어오르는데
동산에 홀로 서서
오늘을 노래 부르리

이천오년 십일월 십일일

동산 연가가 흐른다

마음을 유혹하는 불꽃이
새벽을 재촉하는 아련한 되새김
가슴깊이 요동치고
동산 연가가 흐른다
따스한 체감으로 감싸주던
포근한 미소가 녹아 스미는
그리움이 속삭이던 그 눈빛에서
부딪혀 터질 듯 미련이 넘치고
잔잔한 호수에 마음을 던지면
다가온 환상을 더듬어
손짓하는 금단에 문이 열리리

이천오년 십이월 십일

동산 연가 II

어울리지 않는 짝짝이 신발처럼
동산 언덕에 무성한 나뭇잎들
산새들 속삭이듯 그리운 노래를
살짝 엿듣는 달콤한 밀어를 훔치면
흐르는 시원한 바람소리가
손을 흔들면 귀 기울이라고 소리친다.
멈추라는 신호를 보내면
왜냐고 묻지도 아니 하였다
가슴으로 다가와 넘치는 설렘으로
자전自轉하는 해와 달의 법수法手를 찾아서
느슨한 걸음걸이가 발소리를 숨기고
땅심地心과 흙뼈土骨가 오동통하게 될 무렵이면
포효咆哮하고 여물어가는 지동地動소리에 놀라
도망치던 산새들이 부르는 동산 연가를 들으리.

이천육년 정월 초하루

동산 연가 III

너와 내가 아닌 우리가 걷는다.
향기가 없는 사막에서 향香을 마시며
끝이 아닌 시작에 이별이 머무는 곳에서
짜릿하게 느끼는 허공을 질주하면
해돋이 연정에 팔렸다가
풍덩 겨울바다에 빠져버린
해넘이 너울이 감미로운 물소리에
너무나도 시린 순백의 설화雪花가
구겨진 가슴을 다림질 하듯
아득히 먼 수평선을 바라보면
금방이라도 잠이 들 것 같은 포근한
이부자리 같은 꿈속에 몸을 맡기고
넘실거리며 다가오는 동산 연가를 듣는다.
엎어지며 목마른 고요함을 억지抑止르면
심장이 멎는 듯 지평선이 머무는구나.

이천육년 일월 십오일

모월에 박힌 그림자

선동仙童 선녀仙女가 자리를 마주하고
치악雉岳에서 잔치가 열리던 자리에서
건아하게 취기가 피어오른 현노玄老가
지필묵紙筆墨을 챙겨온 보따리를 풀면서
걸쭉하게 토해버린 영롱한 육두문자를
폭포처럼 쏟아버린 원초적인 선담仙談들은
얼음판에 자빠져 초점을 잃어버린 황소 눈깔처럼
굳어버린 순간에 긴장이 감돌아 오면
어색하였던 얼굴빛이 이글어지는 바로 그때
참았던 웃음소리가 좌중을 감싸주듯이
선필仙筆이 하나가 되어 붓끝이 춤을 추면
화선지畵仙紙 위에 그리는 화살 같은 뻰침이
넓고 가는 선에 강하고 약한 기氣가 살아나고
먹 그림이 태어나는 숨소리가 메아리친다.
모월母月에 박힌 그림자의 원형을 지레 밟고서
하나로 모아지는 풍성한 미래未來를 담아
펼쳐진 술자리에서 노래 소리가 승화되고
숨어버린 자화상에 모습들이 솟아오른다.

이천오년 십이월 십칠일. 토

날아 오른 비둘기

손을 저어도
가슴에 젖어
호수에 퍼진
애틋한 마음
그리워 못 잊어
헤어지는가

소녀 같은 마음
삼월에 가슴
곱게 다듬어
이제는 마음 놓고
날개를 펼치고
날아 오른 비둘기

구조鳩鳥 마을 송선당에게

새로운 자취를 가꾸고

율려律呂의 높고 낮음이
어우러진 터전에
아름다운 무지개처럼

이른 돌
젊음을 머금고
동자가 되어
새로운 자취를 가꾸고

억겁에 두고 갈
경인景仁에서 태어난
만고의 진리가 빛나는

비상하는 길잡이로
훗날을 더듬어 이야기할
각인刻印된 자취는

한옹韓翁이 그려놓은 족적은
내일에 성학聖學으로
영원히 승화되리.

병오년 수하당서실에서

그리움

이러지도 저러지도 못하는
바보가 된 박동 소리에
마음은 가슴으로 가슴으로
찰라는 순간 순간
느슨하던 움직임이 바쁜데
두 손으로 옷깃을 여미는
간 떨리는 그리움에
깊은 숨을 내어 뿜으면
심장에 고동치던
멈추지 않는 그리움이
발걸음을 멈추고
아픔이 잡힐 듯 잡히는
그림을 그린다

벽선 연가

어이 그리 멀던 길
산 넘고 강 건너
폭풍도 사납더니
험하고 고단하던
넓고 넓은 황야에는
지름길도 없더라

높은 준령을 넘고
지칠세라 힘을 빌고
엎치락 뒤치락
눈물을 삼키고
멍든 자국 더듬어
별 자리 셈하던
사월에 뿌린 씨앗
고이 거두며
조심 또 조심
북돋워 가꾼
불러본 노래
벽선 연가

자연을 섬기고
행복이 지켜준
슬기찬 내일을
뜻 모아 이루었네

언제인가 그 어느날
이야기를 주고받던
말이 있고 있어서
마음이 마음으로
웃기고 웃으며
울리고 울던
피보다 더 진하게
새겨놓은 가슴에
가고도 못가는
당신 같은 나와
허전한 아쉬움을
얼러보고 어르며
삶을 거울삼아
살고 살았노라

맥박이 멈추는
그날 그때까지

자라던 고향

봄이 오면
산유화 피고
떡갈 잎이
나팔 불고
자개 돌 자장가
자라든 고향
꿈을 꾸고
뛰놀던 동무들
그립구나
보고싶구나

봄 피리

산에는 나무꾼
피리를 불고
들에는 목동이
피리를 분다

산 피리 노래하면
진달래 피고
들 피리 흥겹게
밭갈이 가자

산과 들 피리소리
봄 꿩이 울고
산과 들 피리 불며
봄맞이 가자

창문을 활짝 열고

산포도 익어가는
창문을 활짝 열고
시원스러운
높은 계절은
고개를 넘고
길섶에서
구월이 달리는
물결을 다듬어
발길을 멈추면
주렁주렁 여물어가는
가을을 오래오래
붙잡아 주려무나

육곡수

구병산 허리에
흰 구름 감기고
구슬피 울던
산새도 없구나
흐르는 육곡수六曲水[1]야

찾는 이 없는
푸른산 그늘에
터질 듯 터질 듯
마음 두고
떠나는 육곡수야

1) 육곡수六曲水 : 보은報恩 외속리
구병산 개천

단장

몽유병자의
허탈한 아쉬움으로
문풍지 우는 삼경
충만 된 이야기가
가득 찬
비애와 공포
갈등이 넘친
단장斷腸에 시장함이냐
넘치는 포만감이냐

삼성산

조선조가 태어나면서
호랑이 기운을 누르고자
무학의 지혜가 스며
새워진 호압사
삼성산 등성이에
자리한 천정天井
이름이 한 우물
화성 능행시
정조가 머물렀다는
행궁 자리가 있는 고장
신라의 자취만이
유서 깊은 산성을
감싸고 있는 삼성산
관악을 등에 업고
계곡으로 펼쳐 흐르는
어머니의 포근한 품안같은
유구한 역사가 새겨진
살아 숨쉬는 삼성산!

품에 보듬고

마음 하나로
세속을 바로 보고
광활한 천지를
품에 보듬고
용봉이 비천하는
내일을
모두가
축복 하던 날
꿈이 이룩 할
주인 되어라

계유년 납월 초오일

한 밤을

너를 그리는 인정은
역사를 꾸미고
은하수가 흐르는
저 물결이
이 한밤을
지새워 주는구나.

2부

청계천이 흐른다

까치호랑이 : 삼성미술관 소장

청계천이 흐른다

서울 한복판에 동서를 가로 지르고
북한산과 남산이 한강과 중랑천中浪川이
이어지는 녹지축綠地軸 위에 위치한
생명의 공간인 청계천이 흐른다
조선조朝鮮朝 태종太宗때 처음 태어나서
서에서 동으로 물줄기가 역수逆水하는
도읍지都邑地 한양의 명당수가 되어
흐르다가도 곧잘 말라 버렸다는 건천으로
육백여년이란 역사를 자랑하며
삼백년이 지난 영조英祖때 개천開川이 준설되고
맑은 계곡溪谷에 시내란 이름이 생겨난 개울
물 흐름을 따라 돌아와 붙여진 청계천
물 구비마다 첩첩이 서려 머금은 애환들
신덕왕후神德王后 능역에서 신장석神將石을 뽑아다
광통교 다리 받힘으로 한 맺힌 사연을
묻어버린 태종太宗
첫눈에 마음을 빼앗은
여염閭閻집 처자處子 장희빈張禧嬪과
숙종肅宗의 사랑에 얽힌 수표교

임꺽정이가 가솔家率을 탈옥 시켰다는 오간수교
삼촌三寸이던 세조世祖에게 왕위王位를 빼앗기고
떠 밀려 영월로 떠나던 단종端宗과
정순왕후定順王后 송씨宋氏가
이별을 주고받은 애절한 아픔이 새겨진 영도교
청계팔경清溪八景이 새롭게 되살아나는 명승지로
청계가 살아났다
청계천에 새 생명이 살아난다.
이천오년 시월 일일 물줄기의 원류를 찾고
또다시 육백여년 만에 용 솟음치게 한 청계천
자연과 문명을 결합해서 만들어진 물줄기가
새 생명으로 살아 숨 쉬는 청계천
이백 여종의 동식물들이 서울의 심장부로
떠났던 옛 보금자리를 찾아 모여들고
흩어졌던 옛 식구들과 이산의 상봉을 즐기는
새롭게 태어난 청계 청계천이 흐른다.

이천육년 일월 십일일 청계천에서

억겁億劫

자취를
더듬어
훗날을
꾸미고

서로를
받드는
사모찬
그리움

덕목을
다듬어
꿈으로
가꾸고

옛날을
담아서
아쉽게
지워진

억겁에
두고 갈
마음을
심는다.

그림을 그린다

해맑은 순결을
안아 보려는
아긋한 그리움을
못 잊어 놓쳐버린
변함없는 순정이
내일을 약속하는
그리움으로 엮어진
사랑을 아쉬워하며
슬그머니 녹아내리는
이루지 못한
그림을 그린다

등문 소감

대문을 활짝 여시고 등문 할 수 있도록 길을 인도하시고 기회를 주신 “좋은 문학”과 심사 위원 여러분께 진심으로 감사드린다.

아직은 삼당三堂을 갖추지 못한 미흡함이 어설프고 다듬어지지 않았지만 동분서주하며 “김삿갓”이 여정을 재촉하던 바람소리와 같은 시심과 절규하던 “김소월金素月”의 통곡하는 시어들을 거울삼고 한이 서린 “한하운韓何雲”의 천형에 아픔을 씹어 삼키는 시구들을 마음속 깊이 새기고 벗을 삼아 어제의 오늘이 여정을 토해 버린 따스한 봄볕에 수줍은 듯 토라진 부끄러운 얼굴을 가리고 동심이 솟구치듯 고동치는 현실을 담아서 열화烈火와 같이 피어오르는 불꽃처럼 피우지 못한 내일을 새로운 영감으로 가꾸렵니다.

이천오년 십일월 삼십일

작은 호수여

닭 울음이 길게 들리는 한낮이 겨운
서러운 길손에 발자국 마다
먼 순례자의 전설이 고이고
젖빛 안개가 산허리에 감기면
비지는 소리에 나뭇잎이 울고
구슬픈 가락이 설음인양
산새들 옹기종기 모여앉아
조잘거리면
시냇물이 흐르는 자연을 섬기고
목화송이 같은 저 구름 속에
무궁한 조화가
흉풍에 열쇠가 되어
만고에 변함없는 저 소리는
성나면 미치광이요
순하기는 양 같은
눈도 코도 없는
맑기는 유리알보다 더 정한
티 없는 작은 호수여

곧은 말씀

입을 닫고 귀를 막으며
눈감고 더듬어도
희고 검은 것이 손끝에 있으나
산산이 부서져 버린
꿈을 다듬어 어르고 달래면서
가시밭 길 같은 거친 인정에도
대쪽같이 곧은 말씀
어이 아니 지키오리이까

서른고개

철없이 인생을 가꾸고
인간은 무엇을 연모하는가
잊혀지고 생각나는
추억에 지난날을 부끄러워
애환에 몸부림치는 서른고개

사랑

사랑을 모르던
그 옛날에는
먼저 사랑에
노예였나 봅니다.

사랑을 흉내 낸
모습들은
모두가 사랑에
위선이었습니다.

사랑은 그림자도 없는
오직 하나
마음속에 새겨진
바로 그 행동이
사랑인가 봅니다.

秋夕 추석

五穀收實 秋夕節　　오곡수실 추석절
早朝行客 正衣冠　　조기행객 정의관

焚香祭典 勸酒禮　　분향제전 권주례
家家毹餺 歸去來　　가가치전 귀거래

오곡을 거둬들인 가을에 추석 명절은
이른 아침 오고가는 이 의관을 바로 하고

향을 피우고 제례를 올리는 술을 받치고
집집마다 마련한 편과 전을 나누는구나.

옛 대로인데

태고의 삶이
토해버린 진리는
옛 대로인데
허허로운 골마다
부딪치고 사라지는
내일이 두렵구나.

경오년 세모 수하당에서

생각 말자꾸나

돌바위 아기 동산에
바람이 살포시
꽃 피우는 이야기를
주섬주섬 모아서
차곡차곡 쌓아놓고

알알이 여물어
먹음은 갈래갈래
가닥을 느리고
헝클어진 한발 한발
쉬엄쉬엄 가는 길
차근차근 걸어서

오고가던 진한 입김
줄줄이 쌓인 사연
저 멀리 하늘 넘어
주렁주렁 달아놓고
초롱초롱 생각나도
생각생각 말자꾸나

길손

고갯마루 저 장성은
찾는 이 없고
외로운 바람소리
황혼에 길손
갈 곳이 어데냐

너울거리면

난봉은 바람이 되여
화냥이 흐르는데
물결은 세차게 강풍에 출렁이고
광폭한 물결의 높낮이가
수평선으로 너울거리면
참았던 원초적인 밀어가
속삭이듯 공간에서
나부끼다 피어오르면
쌓였던 그리움이 솟구쳐
여운이 요동치는 합창이 되어
난봉과 화냥이 어우러지고
낙조의 붉은 노을이 사그러지면
산 너머로 울려 퍼지는
상여 소리와 같이 사라져 가는
어두운 파도가 움직이리.

이천육년 이월 이십오일

구월

포둥 포둥하게 맑은
청포도 같은 구월

한없이 높게 푸르른
유리알 같은 구월

언덕 길

주고받는 정
나누던 벗
떠나고
다정히 거닐던
언덕 길
즐거운 추억 두고
벗은 말없이
가시었구나.

※이민간 김순동金諄東

애상

인간을
수식한
원인을
저주한
눈과
입과
귀를
가리고
할퀴고
뜯고
치고
받는
치욕의
사연을
자아
넘기는
애상

창가에서

별들의 창가에서
무심히 기대여
호젓한 마음으로
당신이 빼앗아간
외롭고 호젓한
창문을 열고
잊지 못하는
이것이 죄라면
황홀한 꿈에서
당신을 부르며
흐느끼는 시간이라오.

가시나무

여보소 초동들 나무하러 가세
민요홍에 아리랑 나무하러 가세

산기슭 입시바른 뿔 돛인 가시나무
개똥밭 개울숲에 뿔 달린 가시나무

여보게 초동들아 웃지 말게나
독침달인 가시나무 그래도 한짐일세

※감동이 시절

라라라

아가에 라라라
풍년의 노래
라라라 풍년
가을이 오고
아가에 라라라
풍년 라라라
웃음이 피었구나.
닐리리 풍년

※감동이 시절

앗아가는

종달이 노래하니
푸른 삾이 너울너울
풀 향기 구수한
흙냄새도 좋구나.

쓰르라미 콧노래에
밭 이랑 앗아가는
호미 끝이 흥겨운데
농악소리 풍년가에
가을이 여무는 구나.

글 탑이 되어

성학聖學의 고장 상주골에
우둑 솟은 거영巨影
새겨진 글 줄기 마다
새로운 글 꼴을 가꾸고
만고의 진리가 숨쉬는
서목書目마다 찬란히 빛나고
용비봉무龍飛鳳舞하는 필치筆致는
후학들의 길잡이로 승화되어
푸른 잎에 담겨져
훗날을 이야기하며
억겁億劫에 두고 갈 발자취가
글 탑塔이 되어
영원히 영원히 피어나리

김기탁 상주대 총장 정년퇴임

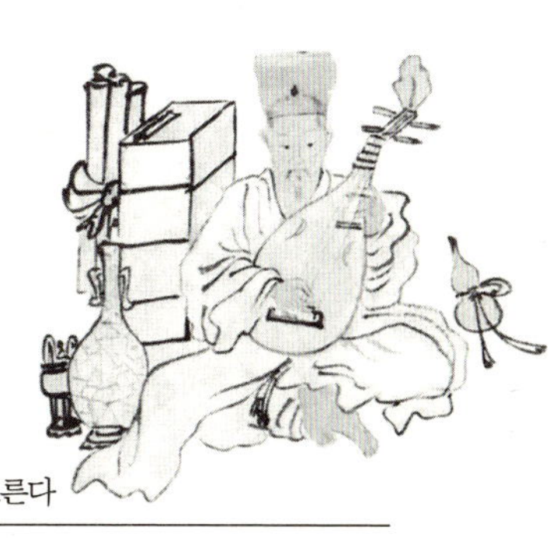

3부

이야기 동무

이야기 동무 | 작은 사슴이 누워 있는 섬 | 봄이 온데요 | 낙서 | 기다린 오늘 | 백의의 나라 | 백제의 옛터 | 여왕의 나라 | 오동 잎 | 목련 되었을까 | 상실 이전 | 울으시었다 | 참 나 | 울분아 | 슬프지 않으리 | 놓쳐버린 꿈 | 낙반의 언덕에서 | 모국어를 모르는 것

까치호랑이 : 삼성미술관 소장

이야기 동무

이야기 소리가 멈춘지
벌써 천여 시간이 넘었구려.
이천이년 사월 십오일
합천 운구서당에서
풍산홍씨 대종회를 마치고
곧바로 송선당이 입원해 있는
구로의료원으로 달려갔었지
내일의 기대가 어우러져
환하게 웃던 송선당의 모습
사십여 년의 이야기 동무가
입을 열어 주고받은
야멸찬 그 날의 이야기들
환자복으로 갈아입고
수술실로 향하던 얼굴에서
말없는 내일을 서로가 주고받으며
다짐하던 그 희망찬 기대
담당의사의 시술이 대성공이란 말에
안도하던 기쁨에 시간도 지나가고
사십육 개월이란 긴 병상 생활이

아픔보다도 더 지루하고 괴로워서
집이 그립다고 하면서
보금자리로 돌아오고파 하며 눈가에
흐르는 눈물을 보이던 그때가
이제는 그릴 수 없는 상상으로 펼쳐지고
야윌 대로 야위어진 다리가 나뭇가지처럼
앙상하던 말없는 이야기들
산소 호흡기가 전부였던 모습을 보면서
료법療法으로 허락된 체벌이구나 하면서도
힘없는 나를 얼마나 원망했는지 모른다오.
그리운 이야기 동무
송선당이 남기고 간 빈자리에는
자취도 없는 그림자만이 아물거릴 뿐이라오.

이천오년 사월 십일 사십구제에

작은 사슴이 누워 있는 섬

아름다운 섬 소록도小鹿島
녹동항에서 서른 세발 거리에 있는
섬 전체가 한센병을 고치려는
병원으로 가득 차 모여 있는 곳
옛날에는 가고 싶어도 못가는 섬이었지만
팔팔년부터 일반에게 관문이 열리고
작은 사슴이 누운 형상이라 해서
붙여진 이름인 섬 소록도가
나병을 구제하기 위하여 세워진 구라탑救癩塔
가도 가도 끝이 없던 전라도 황토길 언덕에서
빠져버린 발가락 한마디를 양지바른 곳에 묻고
작은 사슴이 누워있는 섬으로 가던
문둥병 시인 한하운의 보리피리 소리가
잔잔한 바다 바람에 귓전을 울리고
가슴을 점이는 듯 하운의 시어를 연상하니
눈가에는 서리서리 이슬이 촉촉이 맺히고
인환人寰에 거리 인간사人間事가 새롭게 피어나는 소록도

이천육년 삼월 십이일

봄이 온데요

개나리 꽃잎이 찾아오고
바람이 불면 봄이 온데요

산 사슴 가슴에 잠이 오며는
잔디밭 푸른 싹이 돋아나고요

아가에 버들피리 소리나면은
종달새 높이 떠 노래 부르구요

개울가에 개구리 입을 열면
이 강산 곳곳마다 봄이 온데요

※감동이 시절

낙서

담담한 시간
괴로움이 터질 듯한
두서없는 곳에서
손버릇처럼
어지럽게 흩어진
낙서들
쓰고 지우고
또 쓰고 지우는
버릇들이
유혹한 낙서

※이십대시절

기다린 오늘

사십팔일 간에
기초를 다지는
훈령訓令이
전달되던 날
공포가 두근거리는
훈련의 날
내일을 손꼽아
기다린 오늘이
사십팔일 만에
끝이 나던 날

※10110123번, 논산훈련소에서

백의의 나라

강산 삼천리 백의의 나라
단군에 한 피로 삼천만 겨레

무궁화 향기어린 백의의 민족
기백도 늠름한 조선에

한글은 무궁한 우리의 문화
온 겨레 하나로 반만년 역사

※감동이 시절

백제의 옛터

관창의 피어린 벌
젊은이 모여
이름도 장하구나.
평화의 사도
백제의 옛터
우렁찬 아침
기품도 당당한
군호소리
내일이 밝아온다.

조국의 별 빛난 역사
젊은이 불러
이름도 장하구나.
나라에 방패
화랑에 정기 받은
씩씩한 후예들
굳세고 용감하게
심신을 닦아
새날을 쌓아간다.

※육군항공학교에서 군번 10110123

여왕의 나라

쉬는 날이 없는 일터
하늘을 나르는
이름이 일 벌
꽃 속에 왕자
태초로 부터
그대로 이어온
삼만에 겨레
여왕의 나라
꽃잎이 손짓하면
밀원을 찾아
아늑한 바위틈에
항법도를 그리고
아기 벌 자라는
날 노리 공중으로
봄 볕을 따라
희망을 좇아
사랑을 노래하며
일터로 간다.

※장내리시절 장안에서

오동 잎

솔바람에
하나 둘
오동잎 지고

참새들
애타게
오동잎 지네

※감동이 시절

목련 되었을까

우리님에 넋이라
목련 되었을까

못다한 이야기
담아 놓은 넋
목련이라 했을까

향기 풍기는
삼월이 그리워
목련 피었을까

사모찬 그리움에
저렇게 하얀 꽃
목련 되었을까

상실 이전

백의白衣의 하늘은
양풍에 이방인가

백의의 아들 딸은
벌써 (상실이전喪失以前)
모국어를 잊었는가

아버지는 밭 갈고
어머니는 김 메는데

째즈 맘보 두둠바가
부조리에 가슴을 헤치고

망각에 순간마다
굶주림과 무질서로
법도法道가 짓밟힌

치정과 살인
비명이 통곡하는

백의의 눈동자는
양풍에 멀었는가

백의의 아들 딸들은
벌써 (상실이전喪失以前)
조국을 잊었는가

※일구육공년

울으시었다

딸 낳아
어버이 섭하던
한가위 다음날

숯 꽂아 왼 새끼로
대문을 막고
삼신께 손을 비비며
얼리고 달래던
귀염둥이
아빠 엄마 기뻐했는데

소꿉장난 한여름
그 어느 날
인정 없던 모닥불에
손을 집고서
내일이 서러워
마구 울음을 터뜨린
엄마 가슴이 찢어지고

수집은 마음
메마른 손등으로
가나다라 배우며
마바사아 외울 때
아빠 마음이 터지는

딸 낳으셨다
말이 없으셔도
무겁고 아픈 괴로움
소리 없이 울으시었네

※송선당松仙堂과 아픔

참 나

밉고도 고운
석류알 보다
더 맑고 진한
옛날을 그리는
아련함이
인고의 한계를
지울 수 없는
비틀어진 터전에
담쟁이넝쿨보다
더 강하게 넘친
어제의 오늘이
허공을 헤매는
잃어버린 참 나를
찾아지라 헤매노라.

갑술년 처서일

울분아

우리들 가슴에 파묻힌 울분아
날쌔게 달리자 거친 폭풍처럼
향학에 불타는 형설에 전당으로
외치고 외치리 야학에 진리를

젊은이 가슴에 사무친 울분아
배우고 닦아서 비호와 같이
용감히 싸우자 낮도 아닌 밤
외치고 외치리 고학에 진리를

※일구오삼년

슬프지 않으리

바다의 심오한 진리를
가리운 성난 파도가
이율배반이란
빗나간 실수로
사납게 포효하는 발광
아쉽게 아쉽게
다시는 슬프지 않으리

유일한 기회를 놓쳐버린
이브의 원죄를
대신하는 충만한 증오와
사탄의 속죄가
너그러운 마음으로
용서받을
가벼운 독백은
비창 그대로
목마른 시간에
갈망이라

슬프지 않으리

외로이 떠나는
막다른 십자로에
한 뼘의 작은 가슴
평화로이 잠든 숨소리
이제 다시 슬프지 않으리

놓쳐버린 꿈

옛일이라 그런지
아름답기만 한
꿈도 많던 스무고개
철없이 마구 덤비고
기분에 살았다오.
교모 쓴 그때

마냥 좋아 놀던 때
두려울게 없던
정능고개 언덕길
희망의 뒤뜰에는
부러울게 없었다오.
그때 그 시절

인생길 험한 고개
허리띠를 조르며
길도 잃고 헤맬 때
거칠 것 없던 마음
고향 찾아 가누나

놓쳐버린 꿈
잃어버린 모습
추억이 활개치는
얼기설기 맺은 인연
물러감이
여생에 숙제라오.

낙반의 언덕에서

호수에 떨어트린
이시대의 순교인가
순종에 후예인가

낙반의 언덕에서
선악의 옳고 그름을
꼬집고 떠나는 얼

유정 무정이
무상이라
나무아미타불南無阿彌陀佛

모국어를 모르는 것

현해탄을 가로 지르는
너와 나의 체온 속에
잊지 못할 나날은
얼마나 쌓였던가
손을 잡으면 따뜻이
감도는 백의의 얼과 얼
그러나
말없는 너의 묵묵하고
두 눈만 껌벅이는
겨레의 품으로 안기던
너는
모국어를 모르는 가슴으로
형제를 맞이한 감격
조국의 환영에도
모국어를 모르는 것
너의 죄만은 아니리라

재일교포학생야구단

4부

진혼위곡鎭魂慰曲

까치호랑이 : 삼성미술관 소장

진혼위곡

파랗게 멍든 가슴을 부여잡고
쓰러진 젊은 이름이여
불멸에 횃불이라.
거룩하고 보람찬
혁명의 묘비에
슬프디 슬픈 사연을
예찬 하노라.

칠흑의 뒤안길에서
정의와 자유를 외치던
민족의 별들이여
독재의 총바람에
꽃잎이라 저버린
젊은 영령들아
여기!
한아름 꽃다발과
애끊는 눈물이
사월의
광장으로 광장으로

녹슨 자유와 좀먹는 주권을
피로 바꾼 어린 꽃송이들
잔악한 발굽에 몸부림치던
사이구삼년 사월십구일.
오랜 날의 독재의 기폭을
갈기갈기 찢어버린
조국에 아들
조국에 딸들아

사월의 이름으로 마련한
자유의 동산에
사일구의 꽃이 되어
고이고이 잠들어 다오.

※사일구의 함성을 들으면서

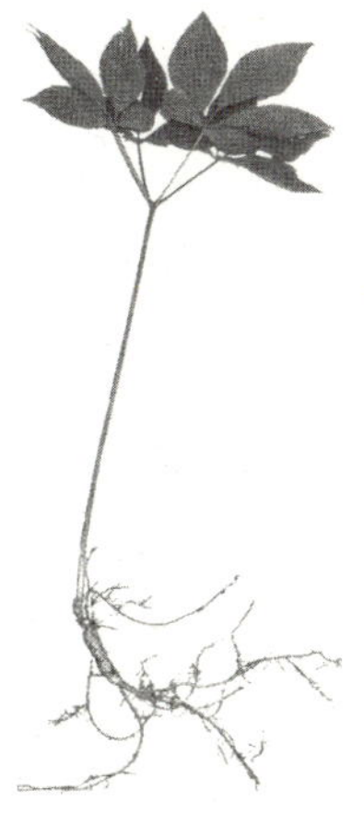

짐 꾸려

붓 끝으로
마음을 담아
종이에 싣고
짐 꾸려
우표에 지워
님께
보내오리다.

숨겨져 있구나

사랑에 무덤에는
많은 괴변이 잠들고
정염情炎을 토해버린
어제의 이야기가
얼음장같이
숨겨져 있구나.

서러워라

설 멍한 찬바람에
눈물이 고이고
더벅머리 누덕 옷은
애수에 젖어
걸름 걸름
행복을 찾아서
이슬길 허적이는
바람이 울며
고갯 길
등 너머로
삶이 서러워라

※어느 랑인의 모습을 되새기며

들리는 뱃고동

노을이 황혼에 젖으면
다사롭고 화사한 포구에
봄이 오는가

분주히 일력을 넘기는
아득히 먼 환상에 쌓여
외로운 이 밤이

속삭이듯 검푸른 바다와
외로운 기적 소리가
노래처럼 들리는 뱃고동

오상고절

유유히 구비치는 물결이
부여 땅 백마강
봄볕에 아로 젖은 저것이
이름도 애달픈 낙화암
철없는 아이들 보고 좋아도
뜻있는 마음 슬퍼라

황혼에 아롱진
바로 저것이
백제를 그리는 듯
말없는 저 물결
원한이 바위처럼
삼천궁녀가
나라와 같이
오상고절傲霜孤節
하였어라

1958년

울어라

울어라
너도 울고
나도 울고

울어라
문풍지야

울어라
눈물이
서럽거던

목 놓아
울어라

마음도 울고
정도 울고
모두가 울어라

잊어야지

잊어야할 이름
잊지 못한
무궁화
그러나 잊어야지

흘러간 나날
그립고 그리워도
가야할 길이라면
마음도
가져 가시구려

영영 잊어야할
근權이
지워버린 그 이름
생각키워도 잊어야지

※새벽 두시 기차로 한밭을 떠나보내던 날 밤은 찢어질 듯 한 가슴을 치는 결연함이 꼭 보내야 했던 내 마음을 기적만이 알고 울어 주었단다. 천구백육십년

가시다니 거짓말

가시다니 거짓말
민의를 버리고
가시다니 거짓말
조국에 바친
애국 두고
가시다니 거짓말
한강에 백사장
오삼사五三史를 엮은
해공海公께서
가시다니 거짓말
오호嗚呼라 오월오일
하늘도 울던 날
해공에 모습을 그린다

※해공께서 가시던 날

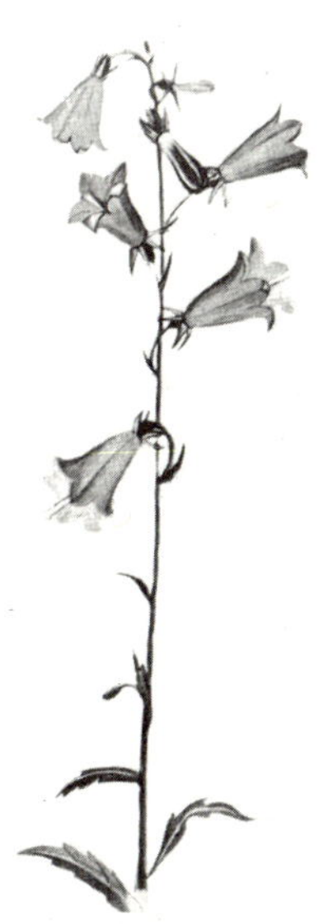

짝짝 짝짝꿍

짝짝 짝짝꿍을 부르며
선동仙童으로 찾아와
신선神仙이 되어 떠나버린
너의 촉박한 여정에도
첩첩히 많은 사랑을 심고
굽이굽이 눈물을 뿌리며
떠나간 자취마다
너와 내가 주고받은
이야기가 고여 있는데
아무리 풀어보려 하여도
풀리지 않는 수수께끼 같은
흔적들 너무나 허탈하고
가슴에 아쉬움으로 남는
황당하고 어처구니 없는
아련한 아픔으로 응어리진
그리움이 슬퍼지는 내일을
어찌 감당하여야 할지가 두렵구나.
이제는 만년을 머무를 곳에서
너와 내가 만나

억년을 쉬어갈 노래로
짝짝 짝짝꿍 짝짝꿍
신바람나게 즐기자꾸나.
너를 보내는 할애비

가시었습니까

말없이 눈을 감으시고
곱게 누우시고
꼭
떠나셔야 했습니까
즐기시던 담배와
아끼시던 담뱃대
여기 두시고
가시었습니까
내세의 친구들아
따뜻한 정성을 모아서
고이고이 섬겨 모시고
뵈우러 갈 때 까지
정성을 다해 주려무나

삼가 외조부님 영전에

외조부님의 한시

晚年笻屐入清流, 溪上層岩岩上樓

만년공극입청류, 계상층암암상루

叢竹芳蘭三逕墺, 白雲紅樹四山秋

총죽방란삼경오, 백운홍수사산추

靈偨己昔仙何處, 閬苑如今客自遊

령사기석선하처, 랑원여금객자유

世外喧塵聾不聞, 晴欄盡日採眞留

세외훤진농불문, 청난진일채진유

만년에 지팡이 짚고 나막신 신고 맑은 물 흐른 곳에 들어가니,
시냇가에 층층바위 있고 층층바위 위에는 정자가 있네

우거진 대나무와 향그런 난초 있어 삼경三徑[1]은 그윽한데,
흰 구름과 붉게 물든 나무 있는 사방의 산은 가을이라네.

신령스런 뗏목[2]은 이미 옛날일이니 신선은 어느 곳에 있을까?
낭원閬苑[3]에서는 지금처럼 나그네들 스스로 노닐겠네.

세상 밖에서는 속세의 시끄러움 귀머거리처럼 들리지 않는데,
맑은 난간에 하루종일 진리를 캐기 위해 머물고 있네.

1) 삼경(三逕)三徑 : 은자가 머무는 거처를 말함. 그곳에는 소나무, 대나무, 국화 세 가지가 있었다고 함.
2) 신령스런 뗏목 : 중국 한나라 때 장건張騫이라는 사람이 뗏목을 타고 신선세계에 갔다가 왔다고 함.
3) 낭원閬苑 : 신선이 산다고 하는 곳.

우전愚田 김정진金廷鎭

어이 가시었오

먼 길을 가시다니
어이 떠나갔오.

첩첩한 괴로움
여기 두고 어이 가시었오.

저 먼 허공만 남기고
먼 먼 길 어이 가시었오.

피보다 더 붉은 아픔 두고
그리도 먼 길을 어이 가시었오

흔 맺힌

가시철망 흔 맺힌
능선에서
그리운 옛 이야기
녹슨 철모에
끈을 조르고
D M Z
경계선警戒線에서
서로가 총을
겨누고 겨누면
겁먹은 산 사슴
오금도 멈추었네

비극

맞추고
깨고
깨지고

오고
가고
헤어지고

웃고
울고
하소연

인정도
인연도
슬픔뿐

맞추지 못할
비극이
예 있구나.

구천

허무가
두 손을 허적이고

무상은
인생을 사랑하며

오늘은
내일을 속이고

통곡은
구천에 다았네.

오월의 강으로

인간이 목숨을 버린 교차로에
애달픈 절규가 있고
상생의 지옥에서
피바다 굽이치던 통곡소리
하늘도 울던 사월은 가고
자유와 인권을 유린하던
독재의 장송곡이
사월의 환희가 되어
망각의 강으로 흐르는데
여기 새로운 역사가
오월의 강으로 강으로

휴전선

피 흘린 골마다
물소리 구비치고
원한 실은 나무 잎에
총탄을 뿌리고
백골이 부서져 흩어진
백오십마일 골짜기에는
배달민족 내 형제가
휴전선 저 능선에
총부리를
겨누고 겨누었구나.

새아침

고요한 전선에 물소리 맑고
은금에 자원을 가득히 실은
무술에 새아침이 밝아 오는구나.

봉우리 마다 하얀 눈 꽃 덮인
순결을 꽃피운 소나무 사이로
새아침 무술이 밝아 오는구나.

중부전선에서

※자서 : 최전방에서 고갈되고 갈증이 나도록 진귀한 신문이 아닌 구문조각을 보는 데로 읽고 틈이 있을 적마다 하나 둘 모은 지 수개월 여유롭던 군 생활에서 스스로의 집념을 살릴 수 있는 시간에 소책小冊을 엮어 "새아침"이라 머리 시로 옮겨 제題하여 보았습니다.

사이구일년 정월 초하루

이름없는 백골

여기 중부전선
녹슨 철망에
피어린 자죽이 울고

자학自虐한 충성이 하늘을 찌르던
선혈이 흘러내린 계곡마다

동족의 가슴에 깊숙이 박힌 상처와
상쟁에 사모찬
이름없는 백골이 있습니다.

잊어야 할 숙

만나는 괴로움 보다
멀리서 그리워함이
앞날에 기쁨이 되겠지요.

잊어야 할 숙淑

언젠가 쓰다 남은 글
해는 바뀌어도
다시 만날 수 없는
지난날을 잊는
이것이 숙淑을 위한
슬픈 행복이랍니다.

※숙淑 : 육이오의 상쟁에서 산간 어느 곳인지?
총소리와 같이 세상을 떠나버린 숙淑

불무리

불무리
밀령이
움직인다.
내일을
기다리는
포구가
불무리
명령
출격을
귀 기울인다.

※불무리 : 이육사단의 별칭

장송곡

소화되지 않는
빵이라도
얼마던지
먹어라
미사여구를
요리하던
멋진 재주가
너에게는 있겠지만

그러나
눈을 감고
현실을 보라

아사와 기아 속에
몸부림치는
저 참상을
귀 기울이면

부황족에

장송곡이 들리는구나.

5부

가-뗌 피. 오. 더블유.

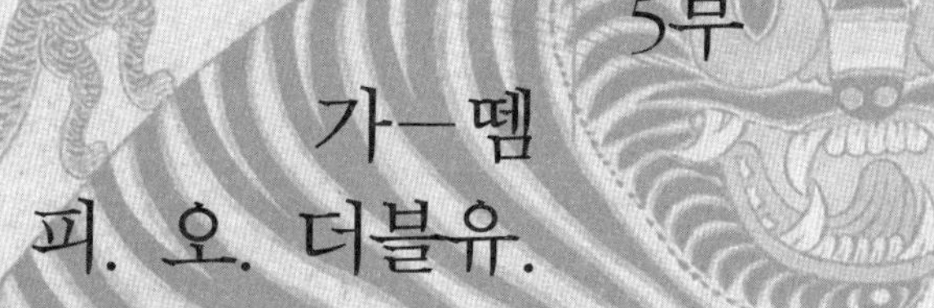

까치호랑이 : 삼성미술관 소장

가—뗌 피. 오. 더블유.[1)]

어름보다 더 차고
주검보다 더 겨운
아프도록 아린
이름이라 피 오 더블유
가슴에 등에 새겨진
검은 글씨는
무겁기가 산 보다
더 무거운 이름아

민족상쟁이 준 이름이라
피 오 더블유
아…!
성냥개비만도 못한
포로의 몰골
누가 지은 이름이기에
병든 이름이 또 병들었는가

아무리 아무리 찾아도
천막에 작은 잠자리 하나
울어도 울어도 겹겹이
둘러싼 구금된 세상

꽃이 피고 지고
향풍은 불어와도
버려진 이름에 병든 목숨

바다가 출렁이는 거제섬에
아련한 고향꿈에 뱃고동이 울고
기약없는 목숨이 더욱 서러운데
상간에 선물인가 피 오 더블유

얼골에 새겨놓은
버려진 생명이라고
가-뗌 피 오 더블유

죄없는 죄인이라고
서러운 이름이라 병들은 목숨
이름이 전범자 피 오 더블유

※거제섬 제 64 포로수용소
1) P. O. W. : Prisoner of war, Number 73254
※의용군 → 포로수용소인천소년형무소 → 부산서면수용소 → 거제도 수용소 → 영천수용소 → 향가鄕家로 돌아오다

말밤쇠[1)]

치고 두른 말밤쇠
입구자로 엮은 울
말도 같고 뜻도 같은
귀한 손님 모셨네

천막 한 칸 우리 집
말밤쇠 울타리
밤이면 고향 꿈
자고새도 말밤쇠
얽히고 얼근 곳

감자 콩 애교로운
안남미 밥에
담배이름 "자유"가
그래 그리워도
헬노 모자 감투라고
피. 오. 더블유.
잡고 우는 말밤쇠
나를 가두고

높이 솟은 경망대
기침 소리에
누구냐고
소리 소리 외치고
불 밝히는
귀한 손님
P.O.W
잡고 우는 말밤쇠

1) 말밤쇠(마름-쇠) : 포로와 수용소에 둘러친 철조망
※거제도 포로수용소에서 철조망을 부여잡고

종鍾소리

강하게 울리고
그대로 사라진
장엄한 여운이
공간사이로
천리고 만리고
종소리 따라서
흘러 흘러서
가고 싶어라.

속리산에서

가여운 목숨

하얗게 사그라져가는
마지막 기다림이여
멀어져가는
만종의 여운이
기다림 없는 움직임으로
초조로운 발버둥
샛빨간[1)]
사연을 토해버린
가엽고 가여운 짐승이여
아직은 많은 오늘이
손짓하는데
흙이 그립고 그리워서
영농한 빛깔
슬픈 사연이라
하얀 화석같이
굳어버린 가엽고
가여운 목숨이여

1) 샛빨간 : 각혈, 폐결핵으로 피를 토하던 삼십대 초의 모습

혼 맺힌 미련

이글을 너에게 보낸다
오호라
말문이 막히는구나
원통함에 말이다

가난에 골이 먹고
배움에 얼이 먹은
메마른 세정 속에
천신만고 끝에
얻은 길 하나
갈고 닦고 다듬어
굳건한 너의 터전

남기고 간 후예들은
이 세상 하늘 아래
너의 길잡이로 빛나고
그대로 승화된 업과는
저승에서 길이 복이 될

형亨아
아직 남은 사모찬 아쉬움
가지가지 흔 맺힌 미련
모두 잊어 버리고
영겁에 보금자리에서
고이 눈을 감고
그리고……?
편안이 잠들어 주려무나.

※너를 보내던 날 형

산에 나무를 꺾으면

별로 융통성이라고는 없던 군 복무시절 일요일이 되면 약속이라도 있는 듯 분주히 외출 준비를 하고 영내를 벗어나는 것이 하나의 버릇처럼 되어버렸다.

오늘도 고암高岩과 같이 영문營門을 나섰다.

그러나 항상 걱정이 되는 것은 주머니 사정이었다.

고암高岩 역시 교육의 몸이요 나도 같은 처지로 공연히 거리를 서성거리게 되고 아무런 계획도 없이 그저 외출만으로 좋아하다 보니 무미건조하기 짝이 없었다.

어떻게 된 일인지 두 사람의 발길이 사천공원으로 옮겨지고 있었다.

한 여름 무더위가 기승을 부리고 내려 쪼이는 햇빛 때문에 온몸에서 흐르는 땀과 지열이 솟구치는 무더움을 무릅쓰고 공원입구에 다다랐다.

산에 나무를 꺾으면
붉은 피 흐르리라

산화하신 젊은 용사
나무마다 혼을 이어
그리운 봄 다시오면
꽃피고 잎이 피리니

이렇듯 시 구절 같은 감상적인 경고문을 단숨에 읽고 보니 불현듯 엄숙함에 충혼탑을 향해 경건히 고개를 숙이었다.

사이구일년 유월 십오일 사천공원泗川公園에서

※고암高岩 : 이영건李永建의 호

동산 연가

그림자를 떠올리는
철석같은 믿음을 준
방심을 매질하면서
공허한 빈자리에
사라진 인연이
추억을 되살려
중얼거리는 잠꼬대
아직은 수평선에서
안개가 뿜어나는
노을을 가리우고
주황색으로 갈무리된
모습을 살짝 엿보며
못다한 미련이
응어리진 가슴으로
마음을 난도질 하고
밀려드는 억장을 달래리

미소가 피어나리

연분홍빛 꽃바람
임 마중 가면
새 색씨
화사해진 입가에
겨울을 이겨낸
삼월이 유혹하고
너의 부끄러운듯한
미소가 피어나리

꽃을 피우고

고요한 침묵이 흐르면
고독을 잉태한
세월이 젊음을 앗아가고
그 길목에서
하늘을 우러러
빛 바랜 사연을
토해버린 넋두리 속에
외로움이 구름 속에서
방황하며 엮어 놓은
가슴 설레이던 밀어가
꽃을 피우고
열매로 승화 된
꿈같은 내력이
새겨진 너 나의
시어가 잉태되는
사랑의 소리가
메아리쳐 들리리

이천칠년 일월 십일

강물이 되어 흐른다

문틈으로 밀려드는
무지개처럼
아름다운 선망이
강 속에 쏘다진다
빗 줄기 같이
흔적이 사라진
거센 물결이
소리친다
정성드려 가꾼
예쁜 꽃송이가
열매도 맺지 못한
그대로 사라지고
쓰라린 고통에 여담이
강물이 되어 흐른다

사랑이 없는 곳에
눈물이 고이고
슬픔이 지나간 공간에
아픔이 멈추면

강물처럼 밀려오는
그리움이 쌓이고
당신은 솟아 오르는
정열을 휘어 감고서
몸부림 치는
메아리 소리가 흐르네

거영이 피어나리

성학聖學의 높고 낮음이
어우러진 터전에
용비봉무龍飛鳳舞하는 필치筆致와
글 탑塔이 무지개처럼
영농하게 빛나는
여든 돌
이슬 머금은 동자童子되어
만고의 진리를 머금고
서목書目마다 새겨진
새로운 글 골을 가꾸고
억겁億劫에 두고 갈
비상하는 후예들의 길잡이로
각인刻印된 족적足跡이 숨쉬고
훗날을 더듬어 이야기할
그려진 거영巨影이 피어나리

한실 여든 돐

말문을 여미고

너희는
자연에 순응치 않는 말일랑 듣지마라
그 말이 아무리 옳다고 우겨도
굳건한 참 마음을 다독여야 한다
무지개처럼 찬란 할지라도
눈에 보이는 것은 허황한 현실뿐이다

우리는
음성이 높아지고 불같은 성품이
하늘로 솟구치는 것 흉 보지말고
살며시 날개를 접어 보려므나
못다한 정한이 머무르면
뜬 구름같은 산만한 시구가 춤 추리라

너희에게
애비와 어미는 주변을 살필 겨를도 없이
앞만 보고 달려왔으나
너희를 잊은적이 있느냐고 묻는다면
일 년 열두 달 가슴에 보듬고

꿈에서도 잊은적이 없이 한결 같았다라고
말문을 여미며 지난 일들을 더듬어 보노라

푸른샘[碧泉]

태산을 감고서
하늘을 삼키는
드높은 의지와
폭넓은 패기가
샘솟는 푸른샘

한삶은 쉼없이
내일을 가꾸고
솟구쳐 오르는
새로운 생명도
옛대로 푸른샘

자연을 섬기며
뭉쳐진 하나로
마음도 치솟는
줄기찬 원천은
언제나 푸른샘

내일이 부끄럽구나

덕목이 놀래고
윤리가 기절하는
연예가 숨쉬는
마당에는
내일을 꿈꾸는
여러 바람이
용상으로 치솟는
어린 새 순을
다도기는 체 유린하고
벌 주어야 할 곳에서
아는체 모르는 듯
서로의 언성을 참작
얼버무리고
천노할 답장으로
세상을 떠나고
신문 지상에 그러놓은
오늘을 통탄하는
내일이 부끄럽구나

형색形色

태고太古의 삶이
토吐해 버린 진리는
옛 그대로 인데
허허로운 골마다
몸부림치는 형색[1]
내일이 두렵구나

세모일歲暮日 수하당須何堂에서

1) 형색形色 : 살아가는 모양

홀로서라도 가리라

길이 험 하더라도
멈추지 마라
가다가 지치더라도
올바른 길이라면
주변이 요란 하더라도
멈추지 말고
홀로서라도 가리라

그리움으로 그린다

그리움 그리움이 문득문득
잊혀진 그리움이 그리움으로
생각나는 그리움
많이도 많이 변해버린 그리움
미워하던 그리움이 그리움으로
이제 다시 그리움을 찾아서
아직도 남은 그리움이
진정한 그리움이 아픔으로
그리움이 그리워지는
옛 마음에 그리움을
그리움으로 그린다

98. 5. 12 벽천이

응어리져도

아직은 거두지 못한
설익은 모습이 탐스럽고
한해가 더한 주갑
은발이 눈부시고
가리워진 사연이
한으로 응어리져도
야몰차고 올바른
의지만이 아낌없는
나래를 펼치리라

계유년 진갑날

셈 하리라

구비치고 오르는
못다 이룬 잔영들
예순을 모아 놓고
뒤를 돌아 봐도
해야 할 일들이
쌓여 있는 것을
이제야 홀로서기에
늦어진 하나
시작하는 걸음
셈 하리라

경오년 세모일

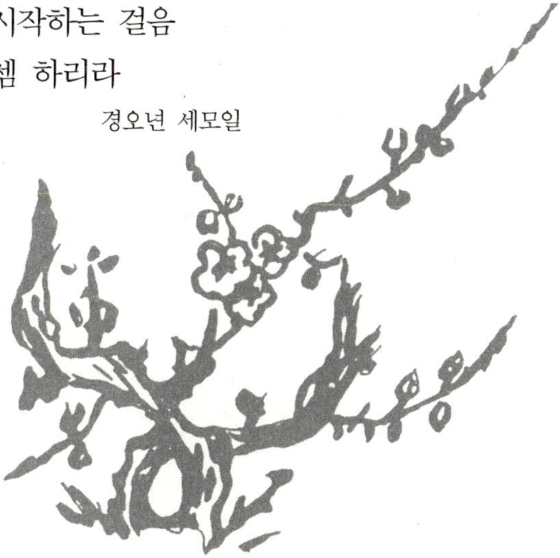

벌집같구나

무슨 사연이기에
흔들리는 곡절
구중 심쳐 깊은 곳에
고대광실 높은자리
못다핀 한이되어
구름꽃을 피우고
얼그러진 모습이
벌집 같구나

떠오르는 내일

뜻 따라 마음 따라
예순 일곱 해
돌아보니 아득함이
세월에 질손가
백발은 말하는데
삶의 근원이
생동하고 조화로운
진솔한 순리가
떠오르는 내일을 보리

무인년 설날

마음인 것을

마음이 편하다
마음이 편하구나
술 한잔을 마셨더니
이렇게 편한 것을
바로 이것이
내 마음인 것을

93. 5. 5. 금요일

가느니

복이란 검소하고
덕은 겸양한데
물욕이 재앙이 되고
힘에 의지하면
도리어 화가되어
지혜가 달아나니
모두가 변하여
가고 또 가느니

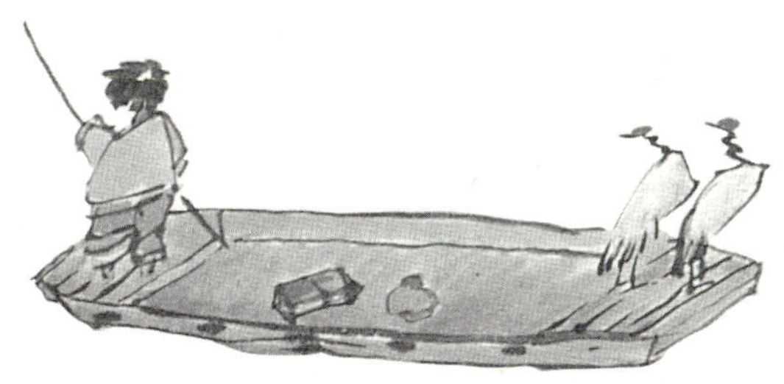

너와 나

하늘이 울고
땅이 운다
애수에 젖은
순결한 모습
정이 서린
말이 없는
너와 나
함께 살아갈
이방같은 인연
내일에 있을
후회도 원망도

타고난 천품이
얼기 설기 엮어서
손을 잡고 다져도
보이지 않는
아련한 고향에
추억을 그리네

내일 재촉하네

길고도 먼 여정
예순 여섯 해
바쁜 나날들
기쁨과 슬픔이
뒤범벅 되어서
쉴 틈도 없었던
어제와 같은
오늘이
내일을 재촉하네

정축년 설 다음날

거짓은 남았네

만각된 허각이
세파에 깍이고
앙상한 자취만
한각이 세각을
역각이 편각한
심곡에 오각의
거짓은 남았네

89. 10. 3.

울고 있네요

울고 있네요
당신과 내가
울고 있네요
그 까닭은
모르겠지만
모두가
울고 있네요
풀지 못한
사연을 두고
숨은 이야기
눈물에 담고
너와 내가
울고 있네요

98. 5. 12.

너와 내가 물이라면

물이라면 좋겠네
옳고 그름이 물속에 물인데
태상太上도 모두가 물과 물이라
억겁이 흘러도 흑백이
물로서 하나라
물이 아님을 유탈遺脫하다가
이어지고 지워진 옛 그대로가
더도 덜도 아닌것이
더불어
너와 내가 물이라면
얼마나 얼마나 좋을까

90. 1. 8.

숨어버린 자취

바람이 꺾기는 소리에
치솟는 귀여움이
허공을 찌르고
길고도 깊은 아픔
숨어버린 자취가
황량한 환상에
조는듯 지워져
메아리 되어 울리리

01. 8. 20.

영을 다듬어

산넘어 산이요
물건너 물이여라
한맺힌 고개길에
고달팠던 이야기는
몰랐노라 알았노라
흘러간 꿈을 싫고
머금었던 뜻이랑
허공에 묻어놓고
미련일랑 버리고
훨훨 날아서
마음을 속이고
잃어버린 고향을
바라 보노라면
하늘에 눌리어
찌그러진 모습으로
땅이 솟구치고
뿌리가 썩어간다
나날들이 쌓인 주갑
허허로운 시공에서

영혼을 다듬어
지워야 할 자취가
마음을 가꾸고
두고 갈 꿈을 새기네

93. 7. 25.

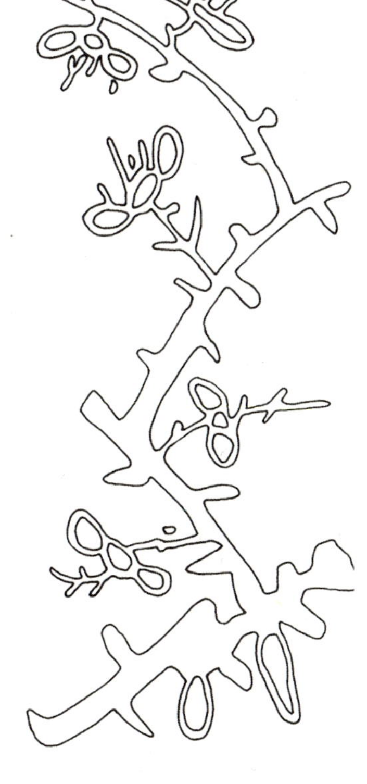

옛 이야기

넘실거리는 파도처럼
옛날 정겨웠던
아가의 손길 보다도
더 따스한 너의 체온
꿈같은 지난날이
아련이 떠오르는 전설같은
역사의 뒤안길에
옛 노래가 그립구나
다시는 들리지 않을
그 노래가 이제는
듣고 파도 들을 수 없는
옛 이야기
마음은 하나인데
너는 왜
반쪽이 되었니
물어도 물어도
대답없는
미완의 이야기
귀를 기우려도

말없이 잠들은
그 한마디가 잠들었네

98. 5. 12.

이제는 떠나려는

울었노라
늚어진 인간을
이제는 떠나려는
당신의 모습을 보며
무엇이라고
이야기를 해야 할지
말문이 막히고
눈앞에 그 모습이
그러나 울고 있네요
편안이 편안이
마지막 부탁이라오
못다한 이야기는
당신을 찾아가서
말하려 하오
당신과 다하지못한
약속을 용서 하시구려
편안히 편안히
눈을 감으시고
이 손을 잡아 보구려

꼭-옥 꼭오옥
잡아 주구려

03. 10. 26.

숨은 소리도 세월 따라 흐르네

초판1쇄 발행 | 2012년 11월 24일

지은이 홍기원
펴낸이 홍종화

회장 홍기원
디자인 정춘경
편집 오경희 · 조정화 · 오성현 · 신나래 ·
정고은 · 이주연 · 김정하 · 김민영
관리 박정대 · 최기엽

펴낸곳 민속원 출판등록 제317-2007-55호
주소 서울 마포구 대흥동 337-25
전화 02) 804-3320, 805-3320, 806-3320(代)
팩스 02) 802-3346
이메일 minsok1@chollian.net
홈페이지 www.minsokwon.com

ISBN 978-89-97916-19-1 03810